# CONSIDÉRATIONS

SUR

POSE DES MOTIFS DE LA LOI DU 17 MAI 1837,

PORTANT

CRÉATION D'UN FONDS EXTRAORDINAIRE

## POUR LES TRAVAUX PUBLICS,

ET SUR LES EFFETS DE CETTE LOI
RAPPORT AU CRÉDIT PUBLIC ET A L'AMORTISSEMENT
DE LA DETTE CONSOLIDÉE.

**PAR LE DUC DE GAËTE.**

## PARIS,

IMPRIMERIE DE GUIRAUDET ET Ch. JOUAUST,
RUE SAINT-HONORÉ, N° 315.

1837

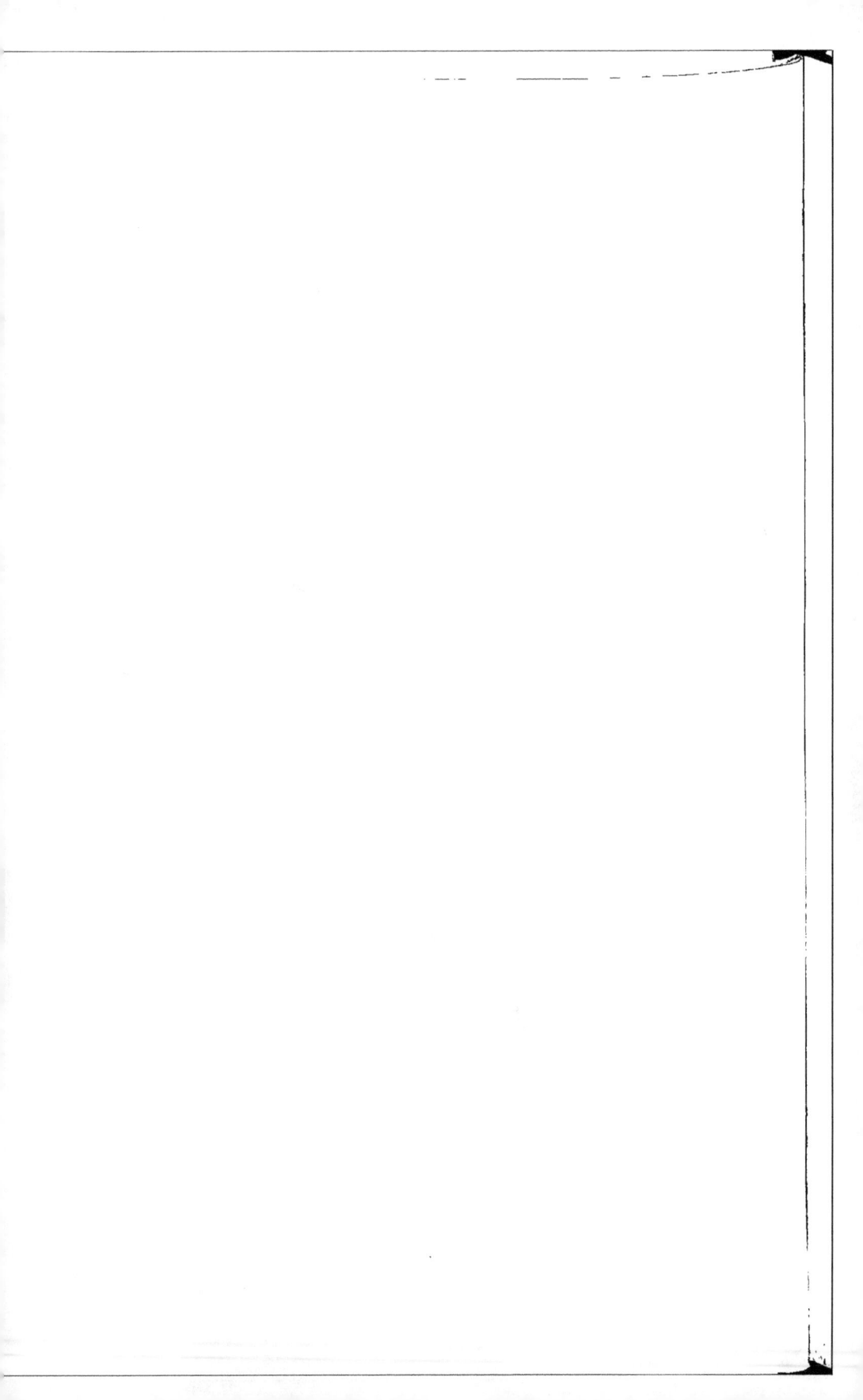

# CONSIDÉRATIONS

SUR

## L'EXPOSÉ DES MOTIFS DE LA LOI DU 17 MAI 1837,

PORTANT

## CRÉATION D'UN FONDS EXTRAORDINAIRE

## POUR LES TRAVAUX PUBLICS,

ET SUR LES EFFETS DE CETTE LOI
PAR RAPPORT AU CRÉDIT PUBLIC ET A L'AMORTISSEMENT
DE LA DETTE CONSOLIDÉE.

**PAR LE DUC DE GAËTE.**

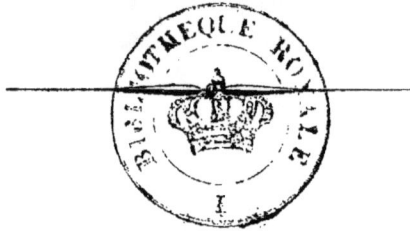

## PARIS,

IMPRIMERIE DE GUIRAUDET ET CH. JOUAUST,
RUE SAINT-HONORÉ, 315.

—

1837.

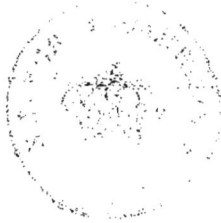

# CONSIDÉRATIONS

SUR

L'EXPOSÉ DES MOTIFS DE LA LOI DU 17 MAI 1837,

PORTANT

## CRÉATION D'UN FONDS EXTRAORDINAIRE

## POUR LES TRAVAUX PUBLICS,

ET SUR LES EFFETS DE CETTE LOI
PAR RAPPORT AU CRÉDIT PUBLIC ET A L'AMORTISSEMENT
DE LA DETTE CONSOLIDÉE.

———

Le Rapport fait à la Chambre des pairs, dans sa dernière session, sur la loi des travaux publics, par l'un de ses membres les plus distingués, exige que je revienne sur les diverses observations que j'ai publiées, concernant le *remboursement ou la conversion* de la rente de 5 fr., et auxquelles se rattache une partie essentielle de la discussion établie dans ce rapport.

Il doit, d'abord, être bien reconnu que la faculté qu'a l'État, comme tout autre débiteur, de rembourser le capital d'une rente *constituée*, n'a jamais été réellement contestée ; c'eût été mettre en doute la légalité du système d'amortissement lui-même, qui n'est autre chose qu'un *mode spécial de remboursement* déterminé par la loi du 28 avril 1816.

Mais il faut bien que je répète, puisque l'on paraît toujours l'ignorer ou l'avoir oublié, que *la seule* question élevée a été celle de savoir si l'État avait *le droit* de changer *ce mode de libération*, en donnant à la dotation de l'amortissement de la dette consolidée un nouvel emploi. On a examiné subsidiairement, si, en admettant, même, l'existence *du droit*, il serait dans l'*intérêt* public d'en faire usage.

Pour mettre de nouveau l'opinion à portée de se prononcer sur la question principale, jusqu'à présent éludée, il est indispensable de rappeler les dispositions de la loi qui a fondé l'amortissement ; ce qui s'est passé, depuis, et comment on a essayé de le justifier. J'extrais ce qui suit du Rapport même dont je viens de parler.

### RAPPORT.

« C'est par la loi du 28 avril 1816 que la » caisse d'amortissement a été instituée et *con-*

» *stituée pour le rachat des rentes inscrites sur*
» *le grand-livre de la dette publique.*

» Sa dotation fut fixée à 40 millions par la
» loi du 25 mars 1817.

» Les sommes provenant de *la dotation et du*
» *paiement des semestres sont immédiatement*
» *employées en achats de rentes.*

» Les rentes acquises sont *immobilisées ;* mais
» elles peuvent être annulées aux époques et
» pour la quotité déterminées.

» Enfin, *dans aucun cas et sous aucun pré-*
» *texte, il ne peut être porté atteinte à la dota-*
» *tion de la caisse d'amortissement, qui est pla-*
» *cée, de la manière la plus spéciale, sous la sur-*
» *veillance et la garantie de l'autorité législa-*
» *tive.* »

### OBSERVATIONS.

Si des dispositions aussi positives étaient ju-
gées insuffisantes pour constituer un engagement *irrévocable* ( *à moins d'une force majeure,*
*hors de toute prévoyance* ), notre langue ne four-
nirait plus de mots pour l'exprimer.

C'est *sous ces garanties* que la rente de 5 fr.
est entrée dans la circulation. A-t-on pu se
croire autorisé à les altérer?

Objecterait-on encore que ce qu'une loi *a fait*, une autre *peut le défaire?*

Mais n'existe-t-il pas une différence constante, et reconnue de tout le monde, entre les lois *généralement révocables*, par la nature de l'objet qu'elles se proposent ; et celles qui, ayant le caractère *d'un contrat synallagmatique*, commandent le respect, aussi long-temps que les *engagements contractés* ne sont pas accomplis ?

Et n'est-ce pas à cette catégorie qu'appartient incontestablement la loi du 28 avril 1816, par laquelle les parties se trouvent *engagées ;* l'une, à rembourser la rente, *par la voie de l'amortissement ;* les autres, à ne réclamer, *d'aucune autre manière*, la restitution du capital ?

La question *de droit*, qui domine cette importante affaire, paraît, ainsi, résolue *le plus négativement possible*. Je n'hésite point à croire que, dans nos tribunaux, elle ne ferait pas l'objet d'un doute.

Du reste, la faculté invoquée de rapporter *une loi par une autre* favoriserait, très heureusement elle-même, la réparation des atteintes portées, en 1825, 1833, 1835 et 1837, à celle dont les dispositions sont rappelées dans le rapport fait à la Chambre des pairs.

## Suite du RAPPORT.

« La rente de 5 pour 100 avait atteint et dé-
» passé *le pair*.
» Une loi du 1ᵉʳ mai 1825 défendit d'employer
» les sommes affectées à l'amortissement au
» rachat des fonds publics dont le cours serait
» *supérieur au pair*.
» Mais, par cette loi, tout le fonds d'amor-
» tissement, *détourné des rentes cinq pour cent*,
» fut reporté sur la rente trois pour cent (qui
» était en même temps créée) et tendit à en
» élever *artificiellement* le cours, d'une ma-
» nière démesurée.
» La loi du 10 juin 1833 a eu pour objet de
» remédier à cet inconvénient et d'en arrêter
» les effets. »

### OBSERVATIONS.

Les auteurs mêmes de la loi du 28 avril 1816
n'auraient pas négligé, comme je l'ai déjà ex-
pliqué, de poser la même limite à l'action de l'a-
mortissement (*en prescrivant la conduite à tenir
pour le maintien du système, dans le cas prévu*),
si, une semblable précaution n'eût pas pu recevoir une interprétation, plutôt, nuisible, que fa-

vorable à la confiance, et peut-être, même, prêter à une sorte de ridicule, dans l'état où se trouvait, alors, le crédit de la France, qui n'avait, d'ailleurs, dans aucun temps, offert l'exemple d'une rente *au pair*. On sait qu'autrefois, l'ancienne rente perpétuelle, considérée comme *un immeuble*, se transférait par actes *notariés*, et que le prix commun n'avait jamais excédé 84 fr. pour 100 fr. de rente. Le cours, depuis qu'elle s'était vendue, *à la bourse*, ne s'était élevé qu'un moment, à 93 fr., sous *l'Empire*.

Ce n'est donc pas, comme on l'a prétendu, à la mesure de la loi de 1825, mesure raisonnable en elle-même, et qu'il eût seulement fallu, *en la complétant*, prendre *un an plus tôt*, (lorsque le cours étant encore *au dessous du pair*, elle n'aurait blessé aucun intérêt), que l'on peut équitablement attribuer la désorganisation du système de l'amortissement; mais uniquement à un vice radical du remède appliqué, inconsidérément, depuis, à l'abus que l'on avait l'intention très louable de faire cesser.

On a cherché ce remède dans la loi du 10 juin 1833, qui, après avoir, *très judicieusement*, prescrit la répartition du montant de la dotation et de toutes les rentes *rachetées*, entre les diverses espèces de rentes, alors inscrites, ordonna que le fonds *appartenant à des rentes dont le cours s'élèverait au dessus du pair*, devrait être converti *en bons* du trésor royal, *pour être tenu en réserve* et *ne recevoir d'emploi* que dans le cas où le cours *des mêmes rentes redescenderait au pair ou au dessous.*

La première disposition pouvait tout réparer.

La deuxième en paralysait l'effet, en arrêtant *indéfiniment*, à l'égard de la plus forte partie de notre dette, *fixée, depuis plusieurs années, au dessus du pair*, la marche de l'amortissement, dont on sait que l'action *continue* est la *condition nécessaire* du résultat pour lequel il a été institué : *la libération graduelle et définitive de l'Etat.*

De là , les nouvelles déviations, de plus en plus divergentes, qui se sont succédé.

Il est juste, néanmoins, de faire remarquer que la loi de 1833 portait, du moins *expressément*, *qu'il ne serait disposé de la réserve que pour le rachat de la dette consolidée.*

Nous verrons , bientôt , comment cette nouvelle consécration du fonds d'amortissement a été respectée.

### Suite du RAPPORT.

« La disposition de la loi de 1833, relative à

» *la réserve* de l'amortissement affecté au fonds
» qui se serait élevé *au dessus du pair*, était
» *la conséquence nécessaire* de celle qui interdi-
» sait le rachat de ce fonds *au dessus du pair*.»

### OBSERVATIONS.

En interdisant le rachat de la rente de 5 fr. *au dessus du pair*, qu'elle avait déjà dépassé, la loi de 1825 maintenait, *implicitement*, à l'amortissement, la faculté de racheter cette même rente *au pair*. La *conséquence nécessaire* de cette disposition était donc *réellement*, dès l'origine, comme elle n'a pas cessé d'être, depuis, *l'organisation de l'exercice de cette faculté* évidemment conforme à l'*esprit* et à la *lettre* même de la loi primitive, qui voulait, ainsi que l'on vient de le voir, que la dotation et le produit des sémestres *fussent immédiatement employés en achats de rentes*. C'était seulement, ainsi, que l'on pouvait concilier la prohibition dont il s'agit, avec le maintien d'une institution fondée sur le principe du rachat *non interrompu* de la rente de 5 fr. Or, la prescription de l'*appel au rachat, au pair*, exécuté, ou par semestre, ou, au moins, chaque année, s'offrait, d'elle-même, pour remplir cet objet, sans que l'amortissement eût été empêché d'agir, jusques à l'époque de cet appel, sur les rentes qui se seraient présentées, *sur la place*, *au pair*, ou *au dessous*; et l'on ne peut douter, comme je l'ai dit, ailleurs, que cette prescription n'eût *complété* la loi, si elle avait pu seconder, au lieu de la contrarier, la vue politique dont le gouvernement était, alors, uniquement occupé.

En privant, même temporairement, en 1833, la rente de 5 fr. de l'usage de la dotation *qui lui était rendue*, on violait, de nouveau, *son droit de propriété* par la même loi qui lui donnait, en apparence, une sanction nouvelle; et l'on attaquait, dans la source de la vie, le système dont on préparait involontairement la ruine, *en subordonnant la reprise de l'action* de l'amortissement, *sur la presque-totalité de la dette consolidée, aux effets d'un discrédit* qu'il n'était ni politique, ni naturel de prévoir; comme le passé l'avait déjà si bien prouvé, sans que la suite l'ait, un moment, démenti.

### Suite du RAPPORT.

« Au 22 mars 1835, *la réserve* prescrite par
» la loi de 1833 s'élevait à 91 millions, tandis
» que, d'un autre côté, la dette *flottante* du
» trésor n'était pas moindre de 356 millions.

» Mais divers crédits , en rentes , accordés au
» ministre des finances ; jusques à concurren-
» ce de 255 millions , en 1832 , 1833 et 1834 ,
» venaient en atténuation de cette dette.

» La loi du 17 août 1835 autorisa le ministre
» des finances à *consolider* et à *convertir en*
» *rentes* le montant en capital et intérêts des
» bons du trésor délivrés *ou qui seraient suc-*
» *cessivement délivrés* à la caisse d'amortisse-
» ment , jusques à concurrence de la même
» somme de 255 millions.

» Les rentes créées par cette loi *devaient*
» *être inscrites* , au nom de cette caisse. Cette
» opération était *conforme* à celle autorisée par
» la loi du 10 juin 1833 , *dont elle n'était que*
» *l'exécution*, puisqu'elle ne faisait qu'autoriser
» elle-même l'*échange de la réserve* contre des
» rentes dont la création et l'inscription *étaient*
» *ordonnées* par des lois antérieures. »

OBSERVATIONS.

Ce raisonnement spécieux serait sans répli-
que, si l'on pouvait être fondé à prétendre que
la dotation qui avait été aussi solennellement
*affectée à la dette consolidée* fût devenue *un fonds*
*disponible* pour tout autre usage, *même analo-*
*gue à son unique destination ;* mais il n'en était

point ainsi, comme on l'a vu plus haut, et l'on avait bien reconnu, en 1833, que cette dotation n'avait pu être appliquée, pendant plusieurs années, à l'amortissement du *trois pour cent*, que *par un abus*, auquel la loi de cette même année ne remédia toutefois qu'incomplétement : comment aurait - il pu en être autrement deux ans après ?

On avait donc attaqué, en 1833, la loi de 1816, en prescrivant une *réserve contraire à son esprit* ; et, en 1835, on n'avait pas traité mieux celle de 1833 elle-même, en autorisant l'emploi de cette *réserve* à la *consolidation* d'une partie de la dette *flottante;* tandis qu'elle appartenait, *exclusivement*, à la dette *constituée, et déjà inscrite.* « Il ne sera disposé, avait dit la loi de » 1833, de la *réserve* que pour le rachat de la » dette consolidée », c'est-à-dire des diverses espèces de rentes *inscrites*, entre lesquelles elle *venait d'ordonner* que la dotation de l'amortissement et le montant des rentes *rachetées* seraient répartis, pour être mis en réserve, à l'égard *de chacun de ceux de ces fonds* dont le cours s'élèverait *au dessus du pair, jusqu'à ce qu'il fût redescendu au pair ou au dessous.*

Cela est positif et exclut toute idée de l'application *permise* de la *réserve* à un emploi autre que le *rachat au pair, ou au dessous,* des di-

verses rentes *consolidées entre lesquelles la dotation et les rentes, alors rachetées, devaient
être réparties;* et non pas, *généralement,* de
toutes celles qui *pourraint être inscrites,* ulté-
rieurement, auxquelles un fonds *spécial* d'a-
mortissement devait être attribué, à peine de
tomber dans un chaos inextricable, et de rendre
tout compte désormais impossible.

On sait que *l'esprit d'ordre* a toujours été le
premier besoin de l'administration des finances
publiques, comme de celle des fortunes particulières.

### Suite du RAPPORT.

« L'opération par laquelle le projet de loi
» propose d'abandonner à la caisse d'amortis-
» sement, en échange des *bons du trésor* dont
» elle se trouvera propriétaire, aux termes de
» la loi de 1833, les rentes que le ministre des
» finances *est autorisé à inscrire pour le paie-
» ment des travaux publics* qui auront été or-
» donnés, est donc la *même, au fond,* que cel-
» le qui a été prescrite par la loi du 17 août
» 1835, laquelle était, elle-même, *conforme* à
» la loi de 1833. »

### OBSERVATIONS.

Il faut, pour s'entendre, conserver aux *mots*

et aux *choses* la signification qui leur est propre.
Une dette *consolidée* et une dette *flottante*, é-
tant deux choses *parfaitement distinctes*, dans
l'idiome financier, on n'a pas pu avancer, avec
fondement, que la loi qui appliquait *à celle-ci*,
en 1835, le produit *de la réserve, fût conforme* à
celle qui, en 1833, avait affecté ce même produit, *exclusivement à l'autre*, en rentrant ainsi
dans l'intention de la loi de 1816; ni par conséquent que celle de 1837 eût d'autre rapport avec
les lois antérieures, que *l'irrégularité qui leur
était commune à toutes.*

Ne pourrait-on pas aussi, même dans le système du Rapport, faire à cette loi le reproche
fondé de s'être emparée prématurément, au profit *des travaux publics*, de la *réserve* que la loi
de 1835 avait (*tout aussi irrégulièrement*) appliquée, ainsi que ses accroissements successifs,
à la *consolidation de la dette flottante*, jusques à
concurrence de 255 millions, dont la même réserve, qui ne s'élevait, à cette époque, qu'à 91
millions, ne pouvait obtenir le complément nécessaire *qu'en plusieurs années* et *dans le cas
seulement* où la rente se tiendrait constamment
*au dessus du pair ?*

Il est difficile (au moins, pour moi) de reconnaître si les dispositions des lois de 1835 et de
1837 qui semblent se contrarier, marchent, au

contraire, comme on le croit sans doute, d'accord entre elles.

Du reste, ces derniers développements, et
ceux qui les ont précédés, prouvent, d'une manière très méthodique et très claire, que, de
fait, la loi de 1825 a enfanté celle de 1833 :
celle-ci, la loi de 1835 ; et cette dernière, celle
de 1837 concernant les travaux publics ; mais
on n'essaiera probablement pas de persuader
(comme, en bonne logique, il aurait fallu le démontrer pour la *solution du point de droit*) que ce
soit, là, la filiation *directe* et *légitime* de la loi
du 28 avril 1816, qui n'a engendré que *l'amortissement*, réduit, depuis 1825, à une si complète *impuissance* à l'égard des emprunts pour
lesquels il avait été institué. Il est pénible de
voir que l'on en soit venu à invoquer les dispositions législatives qui ont violé successivement,
et *sans nécessité*, les prescriptions de la loi primitive ( et, quoi qu'on en puisse dire, *toujours
vivante*), pour justifier une nouvelle dérogation
au système qu'elle a fondé et auquel on ne re-
prochait, en 1825, que *ses succès* dont il était
si facile de prévenir l'inconvénient, sans renoncer au bienfait que l'on devait en attendre.

Jusques ici, j'aurais pu persister à penser,
ou, que *je n'avais pas été lu ;* ce qui n'avait
pas droit de m'étonner ; ou, que mes objections

n'avaient pas paru mériter la faveur d'une réfutation que je sollicitais, depuis long-temps,
pour mon instruction personnelle ; ce dont je
ne serais pas plus autorisé à me plaindre ; mais
je crois les reconnaître, en partie, dans la
suite du Rapport, qui s'exprime ainsi :

### Suite du RAPPORT.

« Mais on prétendra peut-être que, par ces
» opérations, le fonds d'amortissement affecté
» au *rachat* ou au *remboursement* de la rente 5
» pour 100 est *détourné de sa destination;*
 » Que, créé pour *l'extinction de cette rente,*
» il sera désormais employé à payer la dépense
» des travaux publics, *sans que la dette inscri-*
» *te, 5 pour 100, éprouve d'atténuation ou de*
» *diminution.* »

### OBSERVATIONS.

Il semble que ce sont, là, *des faits* qui ne
peuvent être contredits ;
Mais poursuivons :

### Suite du RAPPORT.

« Que, les porteurs de *ce fonds*, auxquels *la*
» *garantie de l'amortissement avait été promise,*

» pourront se plaindre de ce qu'elle leur serait
» *enlevée ;*

   » Que les rentes rachetées par la caisse d'a-
» mortissement ne peuvent être annulées que
» par *une loi spéciale*, sans que, *dans aucun*
» *cas et sous aucun prétexte, il puisse être por-*
» *té atteinte à la dotation de la caisse d'amor-*
» *tissement ;*

   » Que, cependant, les rentes 5 pour 100 ra-
» chetées seraient, *indirectement, annulées,*
» puisque leurs arrérages ne seraient plus em-
» ployés au rachat de ces rentes ;

   » Enfin qu'il serait porté atteinte à *la dotation*
» *elle-même*, puisque, dans le fonds général
» d'amortissement, il appartient 55 millions à
» la rente 5 pour 100 ;

   » Que les rentes rachetées, pour le comp-
» te de ce même fonds, ne s'élèvent qu'à
» 12,500,000 fr., et que, pour tout le surplus,
» qui est de 42,500,000 fr., la rente 5 pour
» 100 puise son droit à l'amortissement *dans la*
» *dotation elle-même.* »

## OBSERVATIONS.

Voilà bien, en effet, la substance de ce que
j'ai constamment opposé au détournement du
fonds d'amortissement.

Voyons ce que l'on répond à ces objections que je me trouve naturellement appelé à défendre.

## Suite du RAPPORT.

« *Nous n'avons point été touchés de ces diver-*
» *ses objections :*
» *Si elles étaient réellement fondées*, elles ne
» seraient que *la suite de la législation précé-*
» *dente* et de la *perturbation* que *l'élévation du*
» *cours de la rente 5 pour* 100 et *la défense d'a-*
» *cheter au dessus du pair*; avaient apportée
» dans la législation de l'amortissement. »

## OBSERVATIONS.

Il doit m'être permis de dire, à mon tour, *que je ne suis pas touché* d'une argumentation par laquelle le fond de la question n'est pas même *effleuré*, et qui mène à une conclusion qu'il est réellement impossible d'admettre.

J'ai déjà témoigné mon regret de voir justifier *la violation* d'un principe par *celle qui l'aurait précédée.*

Ici, de ce que la loi de 1825 avait suspendu, *contre la foi promise*, à l'égard de la rente de 5 fr., *déjà élevée au-dessus du pair*, l'action de l'amortissement, qu'elle aurait dû, au contraire, organiser, *dans sa nouvelle limite*, comme elle en avait le moyen, *par l'appel au rachat, au pair*, et comme le gouvernement, *d'alors*, en avait le devoir ; on persiste à conclure qu'il a été non seulement *licite*, mais même nécessaire de donner, depuis, à la *dotation* de cette rente des destinations étrangères à celle qu'elle tenait de la loi, qui en a placé l'inviolabilité *sous la surveillance et la garantie spéciales de l'autorité législative*, comme le rappelle le rapport lui-même !

On avouera, du moins, que c'était, là, une étrange manière de remédier, en 1835, au reste d'une *perturbation* dont la loi de 1833 avait déjà borné particulièrement *l'effet*, en rendant, à chaque fonds, la dotation *qui lui appartenait*. Qui ne voit qu'il eût dépendu d'elle d'en effacer *jusques à la dernière trace*, en prescrivant l'application *immédiate* de cette dotation, à l'amortissement, *au pair*, d'une portion relative de la rente qui s'était élevée *au-dessus*.

Tout rentrait naturellement, par là, dans l'ordre *légal*, et l'administration nouvelle se donnait le mérite d'avoir remis en honneur les vrais principes du crédit public.

*Quel obstacle* a pu l'empêcher d'entrer, plus tard, dans la voie honorable que la loi de 1833 lui avait rouverte, en mettant *la réserve* à sa disposition pour *le rachat de la dette consolidée*, au-

torisé, jusques *au pair*, par celle du 1er mai
1825 ? Cela aurait bien valu, ce semble, un mot
d'explication de plus.

On ne pourrait trop regretter que le droit,
*invoqué d'annuler une loi par une autre*, n'eût
pas été appliqué, en 1835, à la disposition de
la loi de 1833, qui *dérogeait au contrat, par la
prescription de la réserve*, au lieu de l'être au
*contrat lui-même*, auquel celle du 17 août 1835
portait une nouvelle attaque ; si l'on ne conser-
vait pas, heureusement, le moyen, sinon de réparer entièrement le mal, du moins d'en arrêter les progrès, *par l'appel au rachat au pair*.
il suffira, comme il aurait suffi toujours, d'en
avoir, franchement, la volonté.

### SUITE DU RAPPORT.

» L'état ne s'est, d'ailleurs, jamais obligé en-
» vers les porteurs de ce fonds à en élever le
» cours *au dessus du pair*. »

### OBSERVATIONS.

Cette allégation aurait pu être victorieusement
opposée aux réclamations que les créanciers
auraient faites contre l'interdiction prononcée,
en 1825, de l'amortissement des fonds *au des-*

*sus du pair;* mais quelle application peut – elle recevoir ici ? Qui donc a élevé la prétention contraire ? A-t-on proposé l'appel au rachat *au dessus du pair ?*

### Suite du RAPPORT.

« Ils pourraient d'autant moins se plaindre ,
» que *s'il arrivait* que la rente 5 pour 100 ces-
» sât d'être *au dessus du pair*, l'amortissement
» reprendrait ses fonctions et recevrait son *en-*
» *tière destination.* »

### OBSERVATIONS.

*Les porteurs de la rente 5 pour 100* n'auraient pas , dit-on , à se plaindre !...

Mais , sans s'arrêter à une assertion qui se-rait si facile à combattre , et qui réduit à de si minces proportions la pensée du système fondé en 1816, est-ce donc dans le seul intérêt des *cré-anciers ;* n'est-ce pas, aussi, dans celui des *con-tribuables* que l'amortissement a été institué ? N'est – ce pas pour les garantir des dangers de la *perpétuité* de la rente , dont les funestes ré-sultats avaient bouleversé le pays, il y a , à pei-ne , un demi-siècle , et dont les générations fu-tures seraient incessamment menacées par le nouveau système que l'on s'efforce d'introduire ?

N'est – ce pas , dans cette idée généreuse et prévoyante , *qui semble entièrement perdue de vue* , que la loi a voulu que l'action de l'amortissement fût *continue* , afin que cette intention *pût être* remplie , *dans un temps limité* , et que les charges extraordinaires , créées par nos circonstances ou par nos fautes , n'exposassent pas nos neveux à de nouveaux malheurs ?

Cette sollicitude aurait – elle cessé d'être un moyen puissant de recommander notre mémoire à la postérité ? ou , son suffrage , autrefois l'objet d'une noble ambition , aurait – il , depuis 1825, perdu tout son prix à nos yeux ?

Enfin pense–t-on que les effets divers *du discrédit* , qui pourrait , *seul* , désormais , rendre , à la rente de 5 fr. , la disposition légale de sa dotation particulière , par l'abaissement du cours , dussent être *nécessairement et honorablement compensés* par le rachat de ce fonds , à vil prix ? ou bien , encore , que le bienfait incontestable *de la facilité des communications* , obtenu par l'application de la *réserve* à des travaux publics , pût dédommager , un jour , les contribuables des désastres que pourrait reproduire l'abandon de l'institution qui devait les en préserver ?

Je le demande , au surplus : dans quel code

trouverait-on *ce droit nouveau* de rejeter *sur l'avenir* la plus forte partie de nos charges, sans avoir à nous inquiéter, le moins du monde, de celles que de nouveaux besoins auraient pu y ajouter, avec le temps?

Je sais que toutes ces considérations sont faiblement appréciées dans les *départements*, préoccupés du profit (qu'ils s'exagèrent) qui résulterait, *actuellement*, pour eux, *d'une réduction de la rente*, sans que les effets de sa *perpétuité, devenue inévitable*, y soient plus connus, que la supériorité des avantages qu'ils obtiendraient, du *rachat de cette même rente au pair*.

Ces faits résultent de ce qui nous parvient des vœux consignés dans les procès - verbaux des assemblées annuelles des conseils généraux.

Mais les autorités qui président aux destinées des peuples ne sont-elles pas en mesure de combattre les préjugés qui les égarent, en les éclairant sur les intérêts qu'ils méconnaissent?

### SUITE DU RAPPORT.

« Enfin, il serait *déraisonnable* de soutenir
» que l'on doit laisser *improductifs et hors de*
» *la circulation*, les fonds considérables pro-
» venant de la *réserve* de la dotation de l'amor-

» tissement, lorsqu'ils peuvent être employés
» aux besoins *les plus pressants* du pays. »

### OBSERVATIONS.

Il faut en convenir; il serait plus que *déraisonnable*, il serait *stupide* de repousser un argument auquel il n'y aurait réellement rien à opposer, si la *réserve* dont il s'agit s'était formée *par la seule force des choses;* et si son emploi *légal* n'avait pas dû *la rendre à la circulation*, tout aussi sûrement que l'usage *illégal* que l'on proposait d'en faire.

Mais n'est-ce pas, comme on vient de le voir, par l'effet d'une *aberration* de la loi de 1833, que cette *réserve* existe, au mépris de l'acte fondamental qui exigeait l'action *continue* de l'amortissement ?

Et était-il *nécessaire*, ou *permis* même, plus tard, sous le prétexte de faire cesser la stagnation *forcée* qu'elle éprouvait, d'intervertir la destination, *non contestée*, d'une dotation dont l'application légitime, qui n'offrait aucune difficulté, devait y mettre *régulièrement* un terme ?

D'un autre côté, s'agissait-il, *réellement*, de pourvoir à des besoins dont l'exigence n'admît aucune composition ? Éprouvions-nous donc une de ces nécessités où le salut public devienne la loi suprême ?... On voulait *activer et multiplier des travaux dont on ne peut nier les grands avantages ;* rien de mieux ; mais ne pouvait-on pas atteindre ce but, d'une autre manière ; et quel engagement pourrait être, à l'avenir, réputé *sacré*, *si la simple utilité, quelle qu'elle fût,* d'une destination nouvelle, pouvait autoriser l'État à en méconnaître les conditions ?

Que deviendrait la confiance, le premier besoin des gouvernements, dans un pays où une telle doctrine viendrait à prévaloir ?

On a pu remarquer que, jusque là, l'amortissement, livré seulement à de fausses directions, n'avait pas, du moins, été rendu *tout à fait étranger à la dette publique*, en général. Il était réservé à l'année 1837 d'offrir le premier exemple du détournement *complet, et sans nul artifice,* d'une dotation qui, cependant, n'a pas cessé d'être *exclusivement* destinée au rachat de la dette *consolidée* et qui pouvait y être *immédiatement* appliquée sans le moindre embarras.

Voilà où mène, par une pente insensible, en administration, comme en morale, l'oubli d'un principe !

### Suite du RAPPORT.

« *Tout se réduit à savoir* si, alors que l'im-

» pôt et le revenu ordinaires ne peuvent y suf-
» fire , il est avantageux de recourir au crédit
» et à la création de ressources extraordinai-
» res , en rentes , pour l'établissement , dans
» le pays, de grands travaux d'utilité publique. »

### OBSERVATIONS.

J'avoue que je ne saisis pas la relation qui peut exister entre les questions discutées , jusque là, et celle qui surgit, ici , à laquelle on ne peut refuser un entier assentiment.

Mais, pour ramener la discussion sur son véritable terrain , je dirai aussi : *Tout se réduit à savoir si ( hors le cas de l'une de ces circonstances extraordinaires qui commandent aux lois elles-mêmes )* on peut *légitimement* disposer d'une dotation dont *on reconnaît* que la destination, *d'ailleurs facile à remplir*, est consacrée par une loi fondamentale , confirmée surabondamment par celle de 1833 elle-même , pour l'appliquer, *dans un temps ordinaire , de prospérité même* , à tout autre objet , quelque recommandable qu'il pût être.

Que *l'opinion* prononce : *sub judice lis est.*

### SUITE DU RAPPORT.

« Ce n'est pas que nous ayons pensé qu'il n'é-

» tait pas *bien désirable de diminuer la dette in-*
» *scrite* et l'excès des charges qui, depuis quel-
» ques années, s'accumulent sur les contri-
» buables. »

### OBSERVATIONS.

Je recueillerais, avec empressement, cet
aveu qui permettrait, du moins, l'espérance
d'un retour aux maximes trop long-temps a-
bandonnées, s'il n'y avait lieu de craindre que,
par la *dette inscrite*, on n'eût entendu parler que
de *la rente* .... *seule*, en effet, *inscrite* au grand-
livre, où il n'a pu être fait mention *d'un capital* que *la forme de nos emprunts* n'avait pas
permis de déterminer. Alors, on ne pourrait
plus voir, dans cette partie du rapport, qu'une
*adhésion anticipée* au système de *la conversion*
qui ne se propose d'obtenir, que par *la réduction de la rente de 5 fr.*, la diminution de la
charge annuelle qu'elle impose aux contribuables.

Mais pourrait-on bien considérer le *capital*
comme étranger au fardeau qu'ils supportent,
*parce qu'il ne prend rien sur le revenu*, s'il est
vrai, comme il faut bien le reconnaître, qu'il
soit *l'auteur* de la rente, qui ne doit disparaître
*qu'avec lui?* La *cause* et l'*effet* peuvent-ils être

raisonnablement séparés dans les éléments qui constituent les *charges publiques ?* N'y concourent-ils pas également tous deux; l'un, quoique *inaperçu*, en maintenant la rente ; l'autre, *matériellement sensible*, par le sacrifice annuel qu'il exige ?

N'ai-je pas, au reste, démontré, par des calculs que l'on n'a pas même essayé d'attaquer, que *l'annulation* que j'ai proposée des rentes de 5 fr., *rachetées au pair*, dans le cours de chaque période de dix années, produirait, graduellement, une diminution d'impôt, de beaucoup supérieure à celle que l'on pourrait attendre de la *conversion,* et qu'elle aurait, de plus, le mérite singulier d'éteindre successivement le *capital* que celle-ci laisserait, au contraire, subsister *tout entier et pour toujours !... en perpétuant également la rente réduite !*

Ces calculs n'auraient-ils pas mérité d'être réfutés autrement, que par *un silence*, difficile à expliquer, dans tout ce qui a été dit, *en faveur de la conversion de la rente ?* Ne serait-on pas autorisé, sans que l'on dût être accusé de *présomption*, à conclure de ce silence qu'une réfutation *soutenable* n'a pas été jugée possible?

Cependant, les choses n'en ont pas moins continué d'aller, comme si cette démonstration, et d'autres encore, n'avaient pas été faites :

Ainsi, le *retard forcé* de la *conversion* de la rente *a obtenu* l'expression de *nouveaux regrets ;*

Et la loi du 17 mai 1837 a paru.

C'est ainsi, encore, que l'on entend répéter, tous les jours, l'argument banal, que le *gouvernement ne peut être condamné à payer éternellement un intérêt de 5 p. 100, lorsqu'il peut obtenir l'argent à un intérêt moindre ;* quoiqu'il ait été, plusieurs fois, rappelé que nous n'avions point *emprunté des capitaux à un intérêt quelconque ;*

Que nous avions *réellement vendu une rente de 5 fr. aux enchères,* sous la condition d'en assurer l'amortissement par une dotation puissante : (*prémisses que personne n'a tenté de contredire* ) ;

Que, par conséquent, nous ne devions pas *un intérêt* proprement dit ; mais, bien, une *valeur fixe* qui était *la chose* dont nous avions reçu le prix convenu ; qui circulait, sous le sceau de la loi qui l'a créée, comme la pièce de 5 francs, sous la foi de l'empreinte qui en garantit le titre ; et dont la loi de 1825 avait fixé, dans le double intérêt de la justice et du crédit, l'amortissement (originairement illimité ), au maximum de 100 fr., au lieu de 73 fr. 50 , produit commun de nos premiers emprunts.

De bonne foi : aperçoit-on, dans tout cela, rien qui ressemble à une stipulation d'intérêt, et serait-ce une idée heureuse que celle de recourir à une fiction pour en créer un supposé dont la réduction (si désirée, par un faux calcul, dans les départements) violerait le contrat, pour ne procurer aux contribuables qu'un profit infiniment moindre que celui que l'opération légale du rachat au pair, de la rente, leur assurerait, sans obstacle et sans reproche ?

Ces questions doivent-elles rester, toujours, sans réponse, ou sans effet ?

Comment, dans un pays aussi éclairé que le nôtre, l'évidence même pourrait-elle perdre, ainsi, tout son crédit !

On a connu, de tout temps, la puissance de l'appât du gain sur certains esprits : mais la perspective d'une perte inévitable n'a, que l'on sache, jamais séduit personne.

### Suite du RAPPORT.

« Mais il nous a paru que c'était aussi *dimi-*
» *nuer les charges* des contribuables et atténuer
» *le poids de la dette* que d'ouvrir les sources
» d'une prospérité qui doit amener une grande
» augmentation de travail et de circulation ; un
» plus grand développement d'agriculture, d'in-

» dustrie, de commerce intérieur et extérieur,
» et un immense accroissement d'aisance gé-
» nérale. »

### OBSERVATIONS.

Il n'y aurait qu'à applaudir à des développements aussi éloquemment exprimés, s'il s'était
uniquement agi de démontrer les avantages d'u-
ne grande impulsion à donner aux travaux publics (en évitant prudemment une *exagération*
qui aurait aussi ses dangers), et de prouver l'u-
tilité d'un nouvel emprunt pour remplir cet important objet.

Mais, si la première considération devait être
regardée comme la justification de ce qui s'est
fait, pourquoi un département ou une commune, tenus, aux termes d'une loi spéciale,
d'affecter, chaque année, une portion de leur
revenu à l'amortissement *graduel* d'un emprunt
( ce qui, pour le dire en passant, semble peu
d'accord avec le nouveau système que l'on pré-
conise); pourquoi, dis-je, ne se croiraient-ils
pas autorisés *à la laisser accumuler*, pour se
préparer les moyens de travailler, plus tard, sur
une plus grande échelle, au perfectionnement
de leurs communications intérieures ? Pour-
raient-ils n'être pas absous par l'autorité qui

leur en aurait donné l'exemple ? à moins qu'elle ne leur opposât l'argument irrésistible : *Nominor quia leo !...*

## CONCLUSION.

L'analyse que je viens de présenter a pu faire déjà pressentir que l'acte législatif adopté, en 1837, contenait, sous la forme d'une loi simplement relative *aux travaux publics*, *un nouveau système tout entier*, qui détruisait, dans son essence, l'institution à laquelle la France, dans ses malheurs, a dû son salut. S'il avait pu subsister encore un doute, à cet égard, il serait levé par le passage du Rapport ainsi conçu : « Il nous a paru qu'il eût été préférable que le projet n'eût, *d'abord*, voulu prendre ses ressources que dans les 82 *millions de réserve acquis actuellement à l'amortissement*, et que, *chaque année*, le gouvernement eût agi avec la connaissance de *l'étendue de ce premier moyen.* »

Cela n'est point équivoque, et, j'en conviens bien volontiers, rien ne serait plus sage, si la *réserve* pouvait, ainsi que je l'ai déjà dit, être considérée comme *un fonds disponible* pour un emploi *utile*, *quel qu'il fût* ; mais ne serait-ce pas décider la *question* par la *question* ? et n'aperçoit-on pas que le montant de la *réserve*, une fois devenu le régulateur de la dépense à faire, chaque année, pour les travaux publics ; ( au milieu de l'élévation constante que l'on peut présager au cours de la rente de 5 fr. ), toute trace de sa destination légale, serait bientôt effacée, et que la charge que les contribuables avaient été appelés à supporter pour obtenir l'extinction graduelle et définitive de leur dette, avec profit pour eux, serait, de fait, contre les prescriptions de la loi de 1816 et de celle de 1833 elle-même, convertie en un impôt pour l'ouverture de grandes communications, ou pour toute autre destination qui aurait pris plus de faveur ; car rien ne pourrait garantir qu'une vue nouvelle, qui viendrait à saisir, inopinément, les imaginations, si impressionnables, chez nous, ( l'accroissement de notre marine, par exemple), ne fît pas, d'un moment à l'autre, pâlir l'étoile, aujourd'hui si brillante, des grandes communications : et ne pourrait-on pas présenter la loi qui serait proposée, en faveur de la marine, comme la conséquence de celle de 1837 relative aux travaux publics; de même, et avec autant de raison, que l'on a dit que celle-ci était la conséquence des lois qui l'avaient précédée !...

La loi de 1837 a, donc, une tout autre portée que celle que son titre annonce, au premier

coup d'œil. Son effet prolongé serait nécessairement de priver, à toujours, la rente de 5 fr.
de la dotation qui lui est spécialement affectée.
Les arrérages de celles qu'on doit remettre à la
caisse d'amortissement, en échange des capitaux qui lui seraient enlevés, iraient naturellement grossir les nouvelles réserves que la suspension du rachat de la rente, au pair, continue-
rait de former annuellement, et les contribuables devraient renoncer, définitivement, à l'é-
conomie considérable que le produit de l'intérêt
composé, devait leur procurer sur la dépense
du simple remboursement d'un même capital,
au pair.

On fait, à la vérité, valoir, en compensation,
les richesses que les travaux qui seront exécu-
tés, doivent répandre, partout.

Mais, comment juger si ces avantages, qu'il
serait si facile d'obtenir autrement, en respec-
tant les droits acquis, et qui échappent à toute
appréciation positive, ne seraient pas chère-
ment achetés, soit, par les milliards dont la
perpétuité de la rente chargerait éternellement
le pays; soit, par les nouvelles calamités qu'elle
pourrait lui attirer un jour; soit, enfin, par les
conséquences naturelles d'un acte, que le pres-
tige d'une conception imposante et un temps
prospère couvrent aujourd'hui d'un voile favo-

rable; mais qui, au premier souffle de l'adver-
sité, porterait des fruits amers?

Dira-t-on encore que la dotation serait rendue à sa destination, s'il arrivait que la rente
descendît au pair ou au dessous?

Mais, d'abord, comment concilier cette assu-
rance avec de nouveaux engagements dont l'exécution exigerait la disponibilité constante du
fonds d'amortissement, pendant un temps illimité?

Puis, qu'il survînt une crise sérieuse qui cau-
sât la dépression rapide du cours des fonds publics : espérerait-on conjurer l'orage ( dont on
augmenterait encore les périls, ) en fermant,
tout à coup, les ateliers extraordinaires ouverts,
dans un temps paisible, sur tous les points de
la France, afin de rendre la dotation, qui les
alimentait, à sa véritable destination? Ne trouverait-on pas, bien plutôt, là, un motif impérieux et légitime d'abandonner la dette pour des
besoins qui seraient, bien réellement, alors,
les plus pressants, du pays; comme on le fait,
volontairement, aujourd'hui, par une considération dont l'importance ne peut assurément pas
se comparer?

Et s'il arrive, au contraire, comme il est plus
probable, que la rente reste constamment au
dessus du pair; ou bien, lorsque le système de

la réduction serait épuisé (car, encore, faudrait-
il bien qu'elle eût un terme); la perpétuité n'en
devient-elle pas inévitable, et ne conviendrait-
il pas, du moins, en la conseillant, de combattre les dangers qu'on lui suppose, et de démontrer le bien que l'on s'en promet?

C'est, sans contredit, l'une des questions d'é-
conomie politique dont une solution solennelle
importerait, le plus, à l'intérêt de tous les
temps. On peut s'étonner qu'elle ait été livrée,
depuis 1825, au libre arbitre, avec une aussi
complète indifférence. L'institution de l'amortissement, en 1816, l'avait résolue contre le système de la perpétuité de la rente; et le crédit
s'en était merveilleusement trouvé!... Depuis,
ce système désastrueux s'est glissé, furtivement,
dans l'opinion, par suite des attaques portées
successivement à l'autre, et rendrait, par là,
plus que jamais, nécessaire une discussion qui
serait, d'ailleurs, d'autant plus opportune, que
tout porte à croire au maintien constant de la
situation actuelle d'un effet public qui, considé-
ré, par ses propriétaires, comme une sorte
d'immeuble, n'offre aucune matière à la spéculation, et que les personnes qui s'y livrent,
habituellement, déclaraient, en 1824, devenu,
par ce motif, ce qu'elles appelaient *un corps
mort* pour le crédit (supposé, apparemment,

par une singulière contradiction, indépendant de la confiance publique) ?

Du moins, cet état de la rente de 5 fr. la mettait-il à l'abri de toutes les chances aléatoires dont les résultats sont souvent si funestes.

Elle était, ainsi, heureusement, arrivée au port. Serait - ce un service à lui rendre que de l'en faire sortir, pour la jeter, de nouveau, au milieu des tempêtes ! Car elle n'est pas seulement menacée par une interversion temporaire de sa dotation. Le projet de la conversion est toujours, là, pour tenter d'arriver, avec le temps, à la fondre avec le 3 pour 100 qui fournit seul aujourd'hui, comme il peut, seul, aussi, rendre *le signalé service* de conserver, pour long-temps, l'aliment d'opérations que l'on avoue, pourtant, que la morale et l'intérêt de la famille réprouvent également !

Voici comment le ministre des finances s'exprimait à ce sujet, dans la séance de la Chambre des députés du samedi 20 mai 1837 :

« Personne, dit l'orateur, n'est plus convain-
» cu que moi, des inconvénients du *jeu*, soit,
» sur les effets publics, soit pour toute autre
» espèce de marchandise. Personne n'est plus
» convaincu que moi, que ce *jeu* n'est pas *de la*
» *moindre utilité pour le crédit public*, et qu'au
» contraire, *il lui est souvent nuisible*, parce

» qu'à côté *de la véritable*, *de la seule base so-*
» *lide du crédit public*, c'est-à-dire, *de la con-*
» *fiance qu'un gouvernement inspire dans sa*
» *solvabilité et dans sa fidélité à remplir ses*
» *engagements* » ; ( cette définition *si juste* est
bonne à noter ici : nous aurons occasion d'y
revenir) « ces jeux font naître des combinai-
» sons qui influent, d'une manière fâcheuse, sur
» le cours de la bourse, et qui donnent, à ce
» cours, une valeur, soit, en moins, soit, en
» plus, qui n'est pas la mesure exacte du crédit
» public.

» Ainsi, ce que l'on appelle *jeux de bourse*
» ne peut être *défendu* (c'est-à-dire, *justifié*)
» *par aucune considération.*

Mais il y a des opérations, à *terme*, qui n'ont
» rien d'*illégitime* et qui sont d'une grande uti-
» lité pour les rentiers et *le crédit* (le crédit
» *particulier*, sans doute?) en offrant, à ceux
» qui opèrent, *au comptant*, des moyens, *de*
» *plus*, de trouver à traiter; de même qu'elles
» offrent aux personnes *qui ont besoin de fonds*,
» les moyens de se les procurer, *momentané-*
» *ment*, *sans faire le sacrifice de leurs rentes.*

» C'est sur la séparation de ces opérations
» légitimes de celles qui ne le sont pas, que
» doivent se porter tous les efforts de ceux
» qui voudraient réformer la législation. Cette

» séparation, à mon avis, est fort difficile. »

Ainsi, un juge compétent, le ministre auquel le soin du crédit public est spécialement confié, déclare formellement que le jeu, dont le marché, à terme, est l'instrument, loin d'être de la moindre utilité pour le crédit de l'état, lui est au contraire souvent préjudiciable.

La question se trouve dégagée, par là, de toute complication avec le véritable intérêt de la chose publique. Elle ne doit plus être considérée que sous le rapport du genre de service que l'usage des marchés à terme, jugés légitimes, peut rendre à l'intérêt privé. Leur utilité non contestée, (si, comme je dois le croire, la définition donnée de leurs effets est exacte,) se trouverait réduite à procurer aux capitalistes ou rentiers qui opèrent, au comptant, un moyen, de plus, de trouver à traiter; et à donner à ceux qui ont besoin de fonds, celui de les obtenir momentanément, sans faire le sacrifice de leurs rentes.

Mais de pareils motifs peuvent-ils réellement balancer les inconvénients si graves que les marchés, déclarés illégitimes, entraînent journellement? Et s'il est réellement si difficile ( ce qui semble vouloir dire, à peu près, impossible) de les séparer de ceux que l'on appelle légitimes, et de faire cesser une coexistence aussi fâcheuse ; ne vaudrait-il pas mieux que ceux qui opèrent, au comptant, eussent un moyen *de moins* de trouver à traiter, et qu'ils fussent privés de satisfaire la fantaisie de se procurer momentanément les fonds dont ils ont besoin, sans faire, ce que l'on appelle, le sacrifice de leurs rentes, et que, d'un autre côté, la société fût, enfin, délivrée d'un fléau qui la dévore et dont la morale elle-même reçoit, comme on le reconnaît, une si déplorable atteinte ?

On prétendra, peut-être, que les effets d'une réforme qui semblerait ne pouvoir affecter que le crédit particulier, devraient atteindre, par un contre-coup inévitable, le crédit public lui-même ; que le cours habituel des fonds publics en éprouverait quelque défaveur, et que, par suite, l'Etat ne pourrait emprunter qu'à des conditions moins favorables.

Mais, en supposant que ces objections eussent quelque fondement, s'est-on préoccupé d'un semblable calcul dans le système que je combats, où une simple considération d'utilité (celle des travaux publics) se trouve placée (très malheureusement, sans doute,) au dessus, même, du respect dû aux engagements contractés ; quoiqu'on n'ait pas pu se dissimuler le dommage qui pouvait en résulter pour la confiance et, par conséquent, pour le crédit de l'Etat, dans de nouveaux besoins ?

Et si une telle considération n'a pas fait re-culer devant les suites d'un pareil résultat, ne serait-il pas, du moins, *conséquent* de ne pas se laisser arrêter par les sacrifices que le bien-fait de la moralité rendue généralement aux opérations de bourse serait supposé pouvoir causer occasionnellement au trésor, comme on en a déjà donné l'exemple par la suppression des loteries et des jeux ?

C'est une question sur laquelle il appartient à de plus habiles que moi de prononcer.

On conçoit, au surplus, qu'elle n'a de rap-port avec celle qui fait l'objet principal de ces observations que par l'intérêt de la morale pu-blique dans l'une et dans l'autre.

Toutefois, je ne dois pas dissimuler qu'un orateur d'un grand talent, s'est montré moins facile que le ministre, sur le chapitre dont il s'agit, dans la discussion relative aux chemins de fer. (Séance de la Chambre des députés du 20 juin 1837.) Après un éloquent exposé des maux dont l'agiotage menace cette importante opération, on lit ce qui suit : « C'est la triste » condition qu'il faut subir, lorsque l'on fait ap-» pel au crédit. On est, dès lors, obligé de » fournir les moyens mobiles et rapides de réa-

» lisation , et , par là même , on ouvre la car-
» rière à l'agio : ses espérances viennent forti-
» fier les réalités du crédit. Il n'y a pas de
» doute à cela , et il faudrait renoncer à toute
» espérance de crédit , si l'on voulait anéantir
» l'agiotage. »

Ainsi , dans ce système , la confiance publique , soumise à la loi générale de la nature , serait incapable de donner , utilement , son fruit ,
sans l'intervention de l'agiotage pour le fécon-
der ; et la condition du plus puissant empire serait , sous le rapport du crédit , inférieure à
celle du plus simple particulier à qui cette hon-
teuse alliance n'est jamais nécessaire.

Voilà deux opinions qui tranchent d'une manière bien frappante.

Dans l'une , ( qui est celle d'un fonctionnaire
éminent) on distingue des marchés , à terme ,
légitimes , en proclamant les autres illégitimes ,
et impossibles à justifier par aucune considération : ce qui ne détruit pas , au moins , tout es-
poir d'une amélioration possible , dans le système qui nous a envahis.

Dans l'autre , ( qui appartient à une haute ca-
pacité ) aucune modification à espérer : hors de
l'agiotage , point de salut !

La première n'est pas , du moins , aussi désespérante ; et quoiqu'il me conviennne plus qu'à tout autre, de dire : *Non nostrum inter vos tantas componere lites ;* on me pardonnera de hasarder quelques réflexions {sur celle de ces opinions qui se montre la moins traitable.

Comment se persuader que la masse de capitaux qui, en France, comme dans l'étranger, cherche continuellement un emploi utile et sûr, fût condamnée à rester enfouie dans les coffres de ses propriétaires, si cet agent mystérieux, et si justement décrié, que l'on nomme *l'agiotage*, n'était plus, là, pour les en tirer.

Point de doute, qu'une *Bourse* ne soit nécessaire pour faciliter, habituellement, tous les genres de négociations, en offrant aux vendeurs et aux acheteurs le point de réunion où ils ont besoin de se rencontrer, et de trouver des agents institués pour la sûreté de leurs opérations : tout le monde est d'accord là dessus.

Mais, comment les marchés, à terme, en général, sont-ils présentés par les uns, comme inutiles ou nuisibles ; par les autres, comme indispensables au crédit public ?

Que se passe-t-il donc, lorsque l'État, qu'une confiance, constamment justifiée, recommande, éprouve le besoin d'une ressource extraordinaire ?

Un emprunt, annoncé d'avance, s'ouvre avec publicité et concurrence. Il s'adjuge au soumissionnaire qui offre les meilleures conditions. Les termes de paiement sont fixés, par le contrat, avec la latitude convenable pour en assurer la réalisation, aux époques convenues. Les conditions acceptées ont ménagé au soumissionnaire un profit que la raison et l'équité avouent.

Les capitalistes de l'intérieur et du dehors donnent leurs ordres à leurs banquiers pour l'emploi des fonds qu'ils veulent placer dans l'emprunt, et en obtiennent les titres, par leur entremise. La partie de ces titres, qui ne se place pas, de cette manière, est présentée à la *Bourse*, où la négociation s'en fait par les agents auxquels ces opérations sont confiées ; et comme les capitalistes ont le même intérêt au placement de leurs fonds disponibles, que le gouvernement, à la rentrée du produit de l'emprunt, son succès semble garanti, par là, sans que le marché, à terme, paraisse devoir jouer, là, aucun rôle utile.

Telle est, du moins, si je ne me trompe, la conséquence naturelle de celle des deux opinions rappelées plus haut, qui déclare les marchés, à terme, inutiles ou préjudiciables au cré-

dit public. Car c'est bien, de celui-là, qu'il s'a-
git ici.

Ainsi, ou, ce que je ne puis croire, cette o-
pinion serait un non-sens ; ou bien, il serait
vrai de dire que la confiance suffirait seule pour
assurer, à l'état, l'usage raisonnable du crédit;
et que le marché, à terme, n'a été inventé que
pour en favoriser l'abus qui prépare à la fortune publique et aux fortunes particulières de si
tristes mécomptes ; comme nous en voyons, de
tous côtés, d'affligeants exemples, jusque dans
le pays long-temps appelé la *terre classique* du
crédit, et qui paie le faux éclat de cette ancienne renommée, si cher.

Ces réflexions reçoivent un nouvel appui d'un
document important parvenu récemment d'un
pays étranger.

Voici ce qu'on lit dans le dernier message du
président des Etats-Unis, au congrès :

« L'histoire commerciale des Etats-Unis, de-
» puis 3 ou 4 ans, fournit la preuve la plus
» convaincante que notre situation actuelle doit
» être surtout attribuée à un excès d'activité
» d'affaires, dans tous les départements. Cet
» excès d'activité a été entraîné à des consé-
» quences destructives par des émissions ex-
» cessives de billets de banque et par les autres

» facilités apportées au développement du cré-
» dit, au commencement de 1834.

» Les conséquences de cette redondance du
» crédit et de l'esprit inquiet de spéculation
» engendré par elle, a été une dette de 150
» millions, à l'étranger ; et, dans l'intérieur,
» le placement de près de 200 millions sur des
» immeubles improductifs ; la création de det-
» tes incalculables pour l'achat de domaines,
» dans des villes ou villages construits ou à
» construire, à des prix infiniment supérieurs
» à la valeur réelle ; enfin les progrès rapides,
» dans toutes les classes, surtout dans nos
» grandes villes de commerce, d'habitudes de
» luxe basées, trop souvent, sur des calculs
» d'opulence fictive et ruineuse pour l'indus-
» trie, la morale, et les ressources de notre
» nation.

» On a vu des calamités analogues aux nô-
» tres peser sur la Grande-Bretagne : un re-
» gard jeté sur le montant des capitaux de la
» banque et les émissions de crédits, en papier,
» en Angleterre, par les banques et de toute
» autre manière, en 1834, 1835 et 1836, dé-
» montre que, dans ce pays, comme ici, l'ac-
» croissement donné à la circulation du papier
» est hors de proportion avec les besoins du

» commerce. A la suite de cette redondance de
» papier en circulation, s'est développé, dans
» ce pays, un esprit aventureux de spéculation,
» s'étendant à toutes les branches de l'industrie
» humaine : tous les moyens d'acquérir et
» d'employer le crédit public furent étendus à
» des affaires de toute nature. La réaction de-
» vait être proportionnée, dans sa violence, aux
» causes qui l'avaient amenée : elle le fut........

» En présence de ces faits, tout observateur
» de bonne foi ne saurait nier que, dans les
» deux pays, les causes de la crise ont été les
» mêmes : deux pays les plus commerçants du
» monde, sont tout à coup, au sein d'une paix
» profonde et sans être frappés d'aucun désas-
» tre national, arrêtés, dans leur carrière, et
» plongés dans les plus grands embarras. Nous
» avons remarqué, dans tous deux, une redon-
» dance de papier-monnaie et d'autres facilités
» accordées au crédit; le même esprit de spécu-
» lation; les mêmes succès partiels; les mêmes
» revers; enfin la même catastrophe, presque
» écrasan te. »

Puissent ces graves leçons n'être pas perdues
pour nous et nous tenir en garde contre de bril-
lantes chimères, en nous rendant toujours pré-
sents, à la pensée, ce sage conseil et cet utile

avertissement : *Nimium ne crede colori! latet anguis in herba!*

Les faits que l'on vient de reproduire n'appelleraient-ils pas un examen approfondi de la question des marchés, à terme, qui, pour être bien comprise, aurait besoin d'être tirée de l'obscurité où elle reste ensevelie, pour le grand nombre dont je fais partie, par le mystère qui couvre la définition de leurs effets divers, et qui est peu propre à éclairer et à fixer l'opinion. Elle ne pourrait l'être que par une révélation complète des procédés qui, aux yeux des *adeptes*, font ressortir, d'un mal que l'on avoue et que l'on déplore, un bien tel qu'il en justifie pleinement la tolérance. Les temps où nous vivons n'admettent, ni, secrets, ni, réticences, dans les affaires publiques.

Après une bien longue digression, pour laquelle je dois demander grâce, je reviens au sujet spécial de ces observations.

On sait que, l'année dernière, la tentative d'un emprunt pour le gouvernement espagnol a échoué, par le refus de la France et de l'Angleterre, de se rendre garants du paiement de l'intérêt et de l'amortissement, sur le plus net des revenus de l'île de Cuba. Comment expliquer cet hommage rendu, par les capitalistes fran-

çais eux-mêmes, à la nécessité d'un amortissement solidement garanti, pour un emprunt é-
tranger ; lorsque nous voyons ce système traité, avec autant de légèreté, pour notre propre
compte ? Les effets de la *perpétuité* de la rente,
à défaut d'une extinction assurée du capital,
ne doivent-ils donc pas exciter toujours la même sollicitude, quel que soit, d'ailleurs, le plus
ou le moins de sécurité que la situation présente
d'un pays peut temporairement inspirer ?

Et si la garantie demandée, pour l'emprunt
espagnol, avait été accordée par la France, ju-
gera-t-on qu'elle aurait eu le droit de la désa-
vouer, un jour, ou d'en altérer les conditions,
sous le prétexte d'un grand avantage à procurer
au pays ?

C'est cependant, sur un tel droit, et sur un
tel motif, que se fonde la justification des diverses atteintes portées, depuis 1825, jusqu'en
1837, à une institution placée, comme on l'a
vu, chez nous, sous la surveillance et la pro-
tection spéciales de l'autorité législative!....

Le gouvernement grec s'est trouvé, tout récemment, par la volonté d'une partie des inté-
ressés dans son emprunt, dans une situation
analogue à celle que la loi de 1825 nous avait
faite, sans qu'il eût convenu à ses auteurs de

pourvoir à un cas qui existait déjà, au moyen de l'élévation du cours de la rente de 5 fr.

Deux séries des rentes de ce gouvernement ne s'étaient pas présentées, sur la place, dans le semestre du 1er mars au 1er septembre 1837, pour être rachetées au dessous du pair : un avis, inséré au *Moniteur*, a prévenu ses créanciers que l'amortissement aurait lieu, sur ces deux séries, le 8 septembre, par la voie du tirage au sort et par remboursement au pair, conformément à la teneur du contrat.

La même opération, pour les obligations belges, a été annoncée par le *Moniteur* du 8 octobre 1837.

J'ai, vainement, renouvelé, depuis dix ans, la proposition de donner cet exemple, conforme à l'esprit du contrat qui nous lie; et je ne sache pas qu'il ait été, jusques à présent, rien dit ou écrit qui dût empêcher, aujourd'hui, de le suivre.

Si ce que l'âge me laisse encore de raison ne m'abuse pas, je puis dire qu'il n'a manqué, à la défense d'une institution que ma position politique m'avait mis autrefois à portée de servir utilement, lorsque le succès pouvait en paraître encore incertain; et, qu'à raison de ces antécédents, ma conscience et l'honneur m'imposaient le devoir d'appuyer, autant qu'il était en mon pouvoir, depuis qu'elle avait aussi complète-

4

ment réussi ; qu'il n'a manqué , dis-je, à sa défense , que des voix plus puissantes que celle d'un vieillard, dont les faibles accents ne pouvaient, du fond de sa retraite , s'élever un moment , que pour retomber, sans écho ; *sicut telum imbelle , sine ictu.*

Mais je ne puis en perdre l'espérance : lorsque la discussion sera sérieusement engagée sur le *nouveau système* que l'on veut substituer à celui qui nous avait été si favorable ; parmi les orateurs que la faveur publique environne, il s'en trouvera qui sauront, par l'ascendant de leur talent, convaincre tous les esprits que les allégations les plus ingénieuses répondent mal à des calculs positifs : que les innovations ne sont pas toujours des progrès, et que l'on marche dans les ténèbres , quand on refuse de s'éclairer au flambeau de l'expérience. Or, les faits et les chiffres sont là ! Il faut, ou, en détruire le témoignage, ou, obéir à leur autorité. Il n'y a pas de milieu possible. Le *sic volo , sic jubeo ,* n'est plus de notre temps.

Mais il ne faut plus se le dissimuler : le simple ajournement de la proposition annoncée du remboursement ou de la conversion de la rente de 5 fr. ne remédie à rien. La partie de sa dotation annuelle, appliquée à d'autres emplois, n'en est pas moins perdue , pour elle, sans retour. Car, en admettant que le cours vînt à descendre au pair ou au dessous, ( ce que Dieu ne veuille, dans l'intérêt bien compris de la France), tout ce qui lui aurait été soustrait, jusque là, ne lui serait certainement point rendu, et le secours instantané qu'elle pourrait obtenir, serait, à peu près, illusoire, en la faisant remonter, un peu plus tôt, un peu plus tard, au taux auquel le rachat en serait, de nouveau, interdit.

L'état actuel des choses laisse, d'ailleurs, toujours indécise la question dominante (le point de droit), dont la solution, indéfiniment différée, produit absolument le même effet qu'une solution contraire. Ce serait, donc, une fausse sécurité que celle qui reposerait sur le peu de probabilité de voir le gouvernement se décider, jamais, à entrer dans une voie dont une expérience, encore présente, a démontré tous les dangers ; ce serait prononcer, de fait, la *perpétuité* de la rente, dont les résultats inévitables sont connus. On ne peut attaquer le mal, dans sa racine, qu'en soumettant, enfin, à une discussion lumineuse, les objections opposées à un nouveau système qui doit être l'objet d'un jugement contradictoire. Je ne puis que l'appeler de tous mes vœux ; persuadé qu'il mettrait un terme aux anomalies qui compromettent, depuis trop long-temps, les intérêts réels des contribuables et ceux du crédit public, dont la fidélité est, comme on le sait, le plus solide appui. Cette profession de foi se fait remarquer dans l'opinion, rappelée plus haut, du ministre des finances, sur les *jeux de bourse*, et détruit l'impression que son rapport, dans la session précédente, concernant le remboursement ou la conversion de la rente, aurait pu laisser sur ses principes, dans cette matière si délicate.

Je reproduis les articles dont j'avais présenté le projet, pendant la dernière session des chambres, concernant l'appel au rachat, au pair, des rentes inscrites au grand-livre des 5 pour 100, jusques à concurrence de 100 millions de rente.

Ce projet est augmenté de trois articles.

L'un ( l'art. 5 ) détermine, pour l'annulation des rentes rachetées, dans le cours de chaque décennalité, des règles favorables au maintien du crédit et aux opérations du gouvernement.

L'autre autorise l'annulation, dès le début de l'opération, de dix millions des rentes dont la caisse d'amortissement est encore en possession, afin de faire partir, de la même époque, la diminution de la charge des contribuables, dans les deux systèmes, de la réduction d'un 10$^e$

de la rente, et du rachat de la même rente, au pair.

Le troisième, enfin, affecte les rentes rachetées, mises en réserve à la caisse d'amortissement, exclusivement, *aux frais extraordinaires que la défense du territoire* pourrait nécessiter.

Le tableau suivant présente les effets comparés de la réduction et du rachat au pair.

TABLEAU SYNOPTIQUE

De la situation de la France, d'abord, en 1838 ; puis, à chaque époque décennale,
1° Par l'effet de la *réduction* d'un dixième de la rente , à partir de 1838 ,
2° Par le résultat du *rachat au pair*, avec une dotation annuelle de 32

| ÉPOQUES DÉCENNALES à partir de 1838 *. | SOMMES DUES PAR L'ÉTAT , A CHAQUE ÉPOQUE, | | | |
|---|---|---|---|---|
| | PAR LA RÉDUCTION. | | PAR LE RACHAT. | |
| | Dû en capital. | Dû en rente. | Dû en capital. | Dû en rente. |
| En 1838 , après une 1re réduction de 10 millions de rente , | 2 milliards. | 90 millions. | Après une annulation de 10 millions de rente , 1,800 millions. | 90 millions. |
| En 1848 , après une 2e réduction de 10 millions de rente , | 2 milliards. | 80 millions. | Après une 2e annulation de 20 millions de rente , 1,400 millions. | 70 millions. |
| En 1858 , après une 3e réduction de 10 millions de rente , | 2 milliards. | 70 millions. | Après une 3e annulation de 20 millions de rente , 1 milliard. | 50 millions. |
| En 1868 , après la 4e et dernière réduction de 10 millions de rente, | 2 milliards. | 60 millions. | Après une 4e annulation de 20 millions de rente , 600 millions. | 30 millions. |
| En 1878 , | 2 milliards. | 60 millions. | Après une 5e annulation de 20 millions de rente , 200 millions. | 10 millions. |
| En 1888 , et A PERPÉTUITÉ , | 2 milliards. | 60 millions. | Le capital et la rente éteinte, en 1885, après une dernière annulation de 10 millions. | |

* J'ai pris 1838 pour point de départ , afin de donner une base fixe aux calculs.

# SYNOPTIQUE

relativement à la rente de 5 fr. , jusqu'à concurrence de 100 millions de rente ,
jusqu'à ce qu'elle fût réduite à 3 fr.
millions, en annulant , *tous les dix ans* , les 20 millions de rente rachetés.

| ÉPOQUES DÉCENNALES. | DÉPENSE DU TRÉSOR , PAR DÉCENNALITÉ , POUR LE PAIEMENT DE LA RENTE | |
|---|---|---|
| | PAR LA RÉDUCTION. | PAR LE RACHAT AU PAIR. |
| De 1838 à 1848 , | 900 millions. | 900 millions. |
| De 1848 à 1858 , | 800 millions. | 700 millions. |
| De 1858 à 1868 , | 700 millions. | 500 millions. |
| De 1868 à 1878 , | 600 millions. | 300 millions. |
| De 1878 à 1888 , | 600 millions. | 70 millions. |
| De 1888 à 1898 ,<br><br>Et A PERPÉTUITÉ. | 600 millions. | La rente éteinte en 1885 , trois ans avant l'expiration de la cinquième décennalité. |
| TOTAUX . . . . | 4,200,000,000 | 2,470,000,000 |

## RÉSULTAT DÉFINITIF.

Dépense pour le paiement de la rente, par le système de la réduction, de 1838 à 1898 seulement (*le capital restant toujours le même*) . . . . 4,200,000,000 fr.

Idem pour le rachat, au pair, de 1838 à 1885, époque à laquelle la *rente et le capital seraient éteints* . . 2,470,000,000

Economie sur *le paiement de la rente*, par le rachat, au pair . . . . . . . . 1,730,000,000 fr.

Indépendamment du bénéfice résultant de *l'extinction* du capital de . 2,000,000,000 fr. qui, racheté par une dotation annuelle de 32 millions, pendant 47 ans, ci . 1,504,000,000

laisserait encore une économie de . . . . . . 496,000,000 fr. sur ce qu'aurait coûté le simple remboursement du même capital, au pair;

Et sans tenir compte, à la charge du système de la conversion, de la *perpétuité* de ce capital et de celle d'une rente de 60 millions qui, en un siècle, à partir de 1898, coûterait une nouvelle somme de 6 milliards; l'état demeurant toujours débiteur du capital originaire de deux milliards;

Il est permis de douter que les avantages réels, quels qu'ils doivent être, du système irrégulier, d'ailleurs, dans lequel on est entré pour le développement des travaux publics, pussent, un jour, balancer ces résultats infaillibles du remboursement ou de la conversion de la rente.

L'annulation, en 1838, de 10 millions des rentes de 5 fr., appartenant à la caisse d'amortissement, diminuerait de 530 millions, ce que le paiement de la rente aurait coûté (trois milliards), en ajournant la première annulation à la fin de la première décennalité.

Elle procurerait, dès la première année, aux contribuables, un soulagement égal à celui qu'ils obtiendraient par la réduction.

Et le capital de 2 milliards (que la réduction *perpétuerait*) se trouverait réduit, dès 1838, à 1800 millions, et ne subsisterait, déjà, plus, que pour 1400 millions, dans dix ans.

Ce ne sont pas, là, des assertions vagues ou hasardées. Ce sont des vérités mathématiques.

Ces résultats n'éprouveraient qu'un changement insensible, si l'on voulait supposer que la réduction des deux cinquièmes de la rente dût s'opérer, dans des termes plus rapprochés ; ce qui n'aurait d'autre effet que de rendre l'opération d'autant plus dure pour les créanciers, sans que le système en éprouvât la moindre amélioration.

S'agit-il, comme je l'ai déjà dit, précédemment, pour atteindre le but proposé, de violer la foi promise ? Tout au contraire ; nous nous montrons fidèles à tous nos engagements. Il y a, tout à la fois, honneur et profit.

Se présenterait-il quelque difficulté à craindre ?... Aucune. Les fonds nécessaires pour l'appel au rachat se renouvellent, naturellement, chaque année.

Rien ne peut donc s'opposer à ce que l'on organise, enfin, l'exercice du droit que la loi de 1825 a conservé à l'amortissement, d'agir sur la rente, au pair.

Là, je le répète, point de chances à courir : point d'écueils à éviter : point d'obstacles à prévoir.

Voudrait-on supposer, pour pousser l'hypothèse jusques à l'invraisemblance, qu'une force majeure pût venir, tout à coup, arrêter la marche de l'amortissement ? Eh bien ! l'appel au rachat serait momentanément suspendu. Nos créanciers·s'en féliciteraient, loin de s'en plaindre, et le crédit n'en souffrirait aucun dommage; car nous aurions tenu toutes nos promesses; tandis que la suspension, dans un temps de crise, d'un remboursement entamé ( si l'on peut appeler ainsi le *simple remplacement d'une dette par une autre*, à un intérêt plus faible ), indépendamment de ce qu'il aurait d'illégal, entraînerait, de plus, tous les périls dont la prévoyance est déjà justifiée par les événements qui se sont passés et qui se passent, encore, sous nos yeux.

Relativement à la *réalité* du remboursement, par la voie de nouveaux emprunts, on a dit : Qu'importe la source des fonds restitués au propriétaire du capital ? Ne se trouve-t-il pas complétement désintéressé ? Il y a donc, à son égard, un remboursement *effectif*, tel que la loi de tous les temps l'a autorisé.

Point de difficulté sur ce point ; mais n'est-il pas également vrai que le premier créancier aurait été préalablement remplacé par un nouveau prêteur ; qu'ainsi le capital, prétendu remboursé, aurait été reconstitué d'avance ?

De bonne foi, est-ce là l'idée que emporte, généralement, le mot *remboursement ?* Aurait-il un sens différent dans la langue classique de ce que l'on appelle le *crédit ?*

Il faudrait plaindre l'avenir d'un pays, chargé d'une dette de quelque importance, où cette nouvelle interprétation serait admise.

L'argument impérieux des chiffres et l'expérience de 1789 le prouvent.

Jusques à présent, on ne leur a rien opposé.

## PROJET D'ARTICLES

*Concernant l'appel au rachat des 5 pour 100 au pair.*

### ARTICLE PREMIER.

Chaque année, (à partir de 18 ), au 1ᵉʳ mars, les rentes inscrites au grand – livre des 5 pour 100 ( à l'exception de celles appartenant à la caisse d'amortissement, à la légion-d'honneur, aux fonds de retraites et aux établissements subventionnés par le trésor public), seront soumises à un tirage au sort, pour composer un capital, au pair, double de la somme qui se trouvera, à ladite époque, restée, sans emploi, à la caisse d'amortissement.

### ART. 2.

Les propriétaires de ces inscriptions les remettront, dans les six mois suivants, à la caisse d'amortissement où ils recevront en échange:

1° le remboursement, au pair, en numéraire, de la moitié de la rente; 2° un certificat du montant de la rente réduite à moitié, à laquelle ils continueront d'avoir droit, et dont l'inscription leur sera délivrée, au bureau du grand - livre; 3° un bon, sur le trésor, du semestre entier échéant au 22 septembre suivant, de leur rente primitive, lequel leur sera payé au trésor.

## ART. 3.

Les nouvelles inscriptions *réduites* ne pourront être soumises, de nouveau, au sort, qu'après que toutes les autres auront été appelées au rachat.

## ART. 4.

Les anciennes rentes rachetées seront inscrites, pour moitié, au grand-livre, au nom de la caisse d'amortissement, qui en percevra les arrérages, pendant dix années, après lesquelles les 20 millions de rente qu'elle aura rachetés, dans cet intervalle, dans le fonds de 5 pour 100, seront annulés, par un acte législatif, et le crédit de la dette publique réduit, d'autant, au budget.

Néanmoins, si la réserve établie par l'art. 7

ci-après, avait été employée, en tout, ou en partie, pour le cas prévu; les nouvelles rentes rachetées, dans le cours de la première décennalité, ou dans les autres, seraient appliquées à recomposer ou à compléter ladite réserve, et il pourrait même être sursis, par une loi, à l'annulation du surplus, dans la proportion qui serait jugée nécessaire, si, à l'expiration d'une décennalité, les circonstances politiques pouvaient faire craindre des dangers prochains.

## ART. 6.

Dix millions des rentes, dont la caisse d'amortissement est encore propriétaire, sont annulés.

## ART. 7.

Il ne pourra, sous quelque prétexte que ce soit, être disposé d'aucune partie des rentes rachetées, même de celles dont la caisse d'amortissement restera propriétaire, après l'exécution de l'article précédent, qu'en vertu d'une loi spéciale et seulement pour se procurer les moyens de subvenir, jusques à due concurrence, sans augmenter l'impôt, aux frais *extraordinaires de la défense du territoire*.

On objectera peut-être à la disposition de l'art. 6, qu'elle priverait l'état d'une partie de la ressource que le produit des rentes rachetées lui assure aujourd'hui, pour parer au cas déterminé par l'art. 7?

Mais il ne faut pas s'exagérer les exigences de l'espèce de thésaurisation qui résulte, par une heureuse combinaison, de notre système d'amortissement maintenu dans sa pureté, en élevant, au delà de toute vraisemblance, la probabilité des besoins. L'annulation que je propose ( malgré la nouvelle disposition faite par la loi du budget de 1838 au profit des pensions, ( et pour laquelle on ne s'est pas montré si difficile,) laisserait encore à la caisse d'amortissement, DOUZE MILLIONS de rente disponibles pour obtenir, sans rien demander à l'impôt, les secours qu'une aggression subite pourrait rendre nécessaires ; et la reprise de l'action de l'amortissement, sur la seule rente de 5 fr., au milieu du calme dont tout nous promet la durée, augmenterait rapidement cette ressource, dans le cours de la première décennalité. A l'expiration de cette période, le gouvernement aurait à proposer, d'après l'état de l'horizon politique, la proportion dans laquelle les rentes rachetées, dans cet intervalle, pourraient être annulées sans inconvénient, conformément à l'art. 5, dont les clauses laisseraient d'ailleurs, à toutes les époques, toute la latitude que les circonstances pour-

raient exiger pour le maintien de l'indépendance
et de la dignité nationales.

Le retard du bénéfice que les contribuables
auraient obtenu, par l'extinction plus prompte
de la totalité des rentes rachetées, dans chaque décennalité, serait compensé, pour eux,
par l'importance du service que la défense du
territoire leur aurait rendu, sans que leur tri-
but en eût éprouvé d'augmentation.

Ce système, je l'avoue, serait incapable de
reproduire le prodige d'une dette publique portée jusques à 20 milliards !... Mais personne assurément n'ambitionne un tel succès pour la
gloire et surtout pour le bonheur de notre pays.
Que, seulement, il se montre fidèle à ses promesses, et le crédit, dont il est si dangereux
d'abuser, ne manquera jamais à sa fortune, dans
la mesure de ses véritables besoins.

J'aime à croire que le véritable motif d'une in-
sistance que le suffrage de quelques amis éclai-
rés a seul encouragée, sera apprécié.

L'amour-propre ne peut jouer aucun rôle, en
présence d'aussi grands intérêts; mais aucune
des considérations particulières, auxquelles j'ai-
merais, le plus, à déférer, dans toute autre cir-
constance, ne pouvait, non plus, me dispenser
de les défendre, de nouveau, sans consulter
mes forces, lorsque le gant semble, en quelque

sorte, jeté, indirectement, par une discussion incidente, qui repousse, absolument (quoique sans contradiction), et comme pourrait le faire un jugement, en dernier ressort (après un débat solennel), les objections sur lesquelles la défense de ces intérêts s'est fondée, sous l'autorité de lois positives; celles de 1816 et 1833.

FIN.

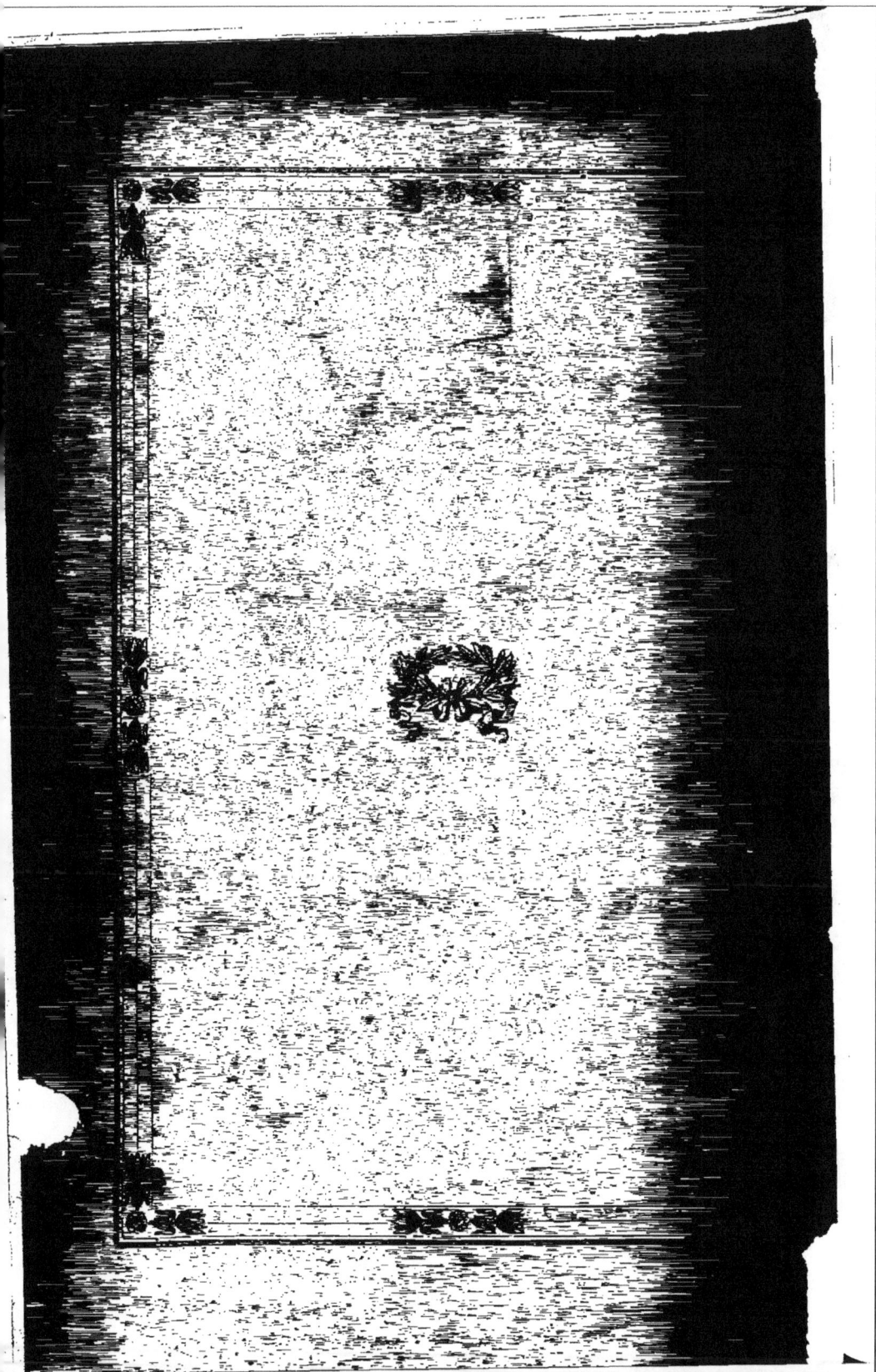

www.ingramcontent.com/pod-product-compliance
Lightning Source LLC
Chambersburg PA
CBHW050620210326
41521CB00008B/1326